超くっきー図鑑

渡り鳥

Wataridori

野性爆弾

くっきー

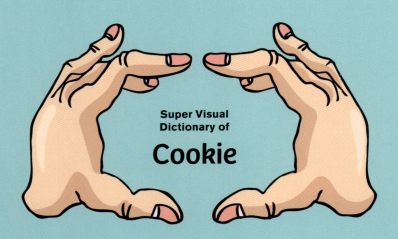

イザベラ

人民ピーポー
御機嫌はいかが?

ちっぽけな花ほど人の心に潤いを与える。

チリーン

お嬢様、
ねんねの時間で
御座いまし。

マイドーター
マイパピ

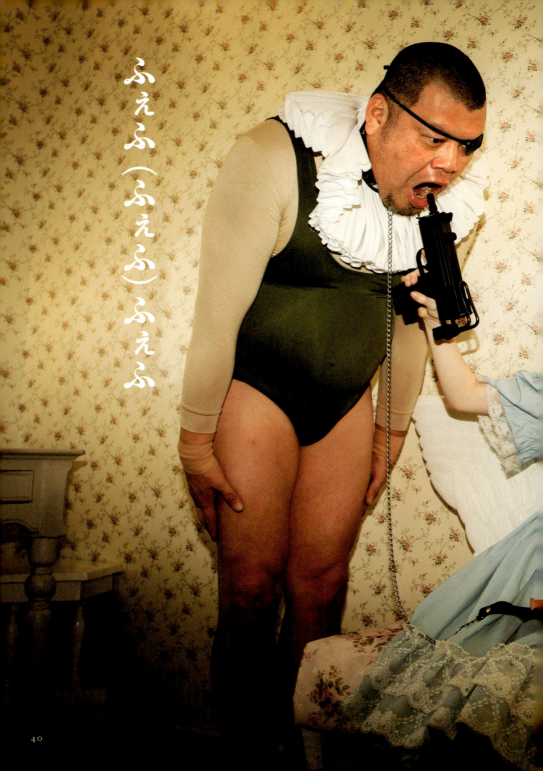

坊や

1

\# ハロー坊や
\# おいしそうだね
\# 今日の夜中
\# 君を迎えにいくよ
\# おじさんの家で一緒に
\# ポルノ映画をみよう
\# おじさんと
\# ポルノ映画を
\# パパや
\# ママには
\# 内緒だよ
\# おじさんと
\# ジュースを飲みながら
\# おじさんと
\# おじさんと
\# ねぇ
\# 坊や

2

\# グッドモーニング
\# 顔を洗っておいで
\# 美味しいパンが
\# 焼けているよ
\# さぁ
\# いただきな
\# おやおや
\# ぜんぜん食べないねぇ
\# 口内炎でも
\# できたかな？
\# じゃあ
\# おじさんが
\# パンを

\# 冷たいミルクに
\# 浸してあげるよ
\# さぁ
\# 大きく
\# お口をあけなさい
\# わあっ
\# キレイだ
\# キレイなお口の中だ
\# ツヤツヤで
\# きれいな
\# お口の
\# 中だ

\# グッドモーニング
\# 坊や
\# パンとベーコンが
\# 焼けているよ
\# 早くご飯をすませて
\# 今日は外に
\# 出かけよう
\# おやおや
\# 嬉しそうだね
\# でも
\# おじさんとの
\# 約束は守るんだよ
\# 覚えているね

\# 決して車から出ないこと
\# 決して大声を出さないこと
\# 決して帰りたいと言わないこと
\# さぁ
\# 食事をすませて
\# おじさんが編んだセーターに
\# 着替えよう
\# さぁ
\# 着替えよう
\# おじさんが
\# 編んだ
\# セーターに

3

4

\# グッドモーニング
\# おはよう
\# 坊や
\# さぁ
\# 今日は
\# お勉強の
\# 時間だよ
\# 今日は
\# 歴史だよ
\# リピート
\# アフター
\# ミー
\# エドゲイン
\# グッド
\# チャールズマンソン
\# グッド
\# ジョンウェインゲーシー

\# グッド
\# ヨアキムルーデン
\# んーグッドだ
\# えらいねぇ
\# 御褒美に
\# 鍵の束をあげるよ
\# この部屋の
\# 鍵があるかも
\# しれないよぉ
\# あ、そうそう
\# 坊や
\# 今日から
\# おじさんのことを
\# 先生と
\# 言うのだよ
\# ヨアキム先生とね
\# しゃふしゃふしゃふ

45

5

\#グッドモーニング
\#おはよう坊や
\#初めましてだね
\#自己紹介を
\#させておくれ
\#僕はヨアキム先生の
\#兄の
\#チャーリー先生だよ
\#今日から坊やの
\#保健の先生だよ
\#まずは健康診断だ
\#さぁ上を脱いで
\#嫌がらないで
\#コレは
\#坊やの身体の
\#チェックなのだよ
\#さぁ脱いで

\#よろしい
\#これで
\#チェックできるね
\#ではチェックをはじめるよ
\#はぁ
\#チェックしているよ
\#チェックを
\#はぁはぁ
\#チェックだよ
\#チェックなのだよ
\#はぁ
\#チェックだ
\#チェックだよぅ
\#チェックさ
\#チェックなのだよ
\#じゃふじゃふじゃふ

\#グッドモーニング
\#おはよう坊や
\#今日はお部屋の
\#模様替えをしよう
\#では、まずベッドだ
\#しかしながらベッドは
\#溶接されているからこのままだ
\#ではタンス
\#んん〜コレも溶接されているねぇ
\#テレビはどうかな？
\#ははは
\#溶接されている
\#どれもこれも

\#固定されていて
\#この部屋から動かせないねぇ
\#坊やと
\#ふしゅ
\#坊やと
\#ふしゅふしゅ
\#一緒だねぇ
\#ふしゅふしゅふしゅ

6

46

グッドモーニング
おはよう坊や
久しぶりだね
保健の
チャーリー先生だよ
今日は
坊やのことを
ずっと見ていたのだけど
背筋が気になって
背骨を調べに来たよ
では服を脱いで
ベッドに横になっておくれ
よろしい
調べよう
わぁなんて優しい

なんて白くて優しい背中だぁ
白くて丸みがあって
ツヤツヤで
まるで
スープラのボンネットのようだ
フォトにおさめよう
これはフォトに
これはフォトにおさめよう
いくよう
3.2.1 ピア
わーおわお
フォトにおさめたよう
フォトに
おさめたよう
じゅふじゅふじゅふ

7

8

グットモーニング
おはよう坊や
今日は食物連鎖のはなしだよ
虫を爬虫類が喰って
爬虫類を鳥が喰って
鳥を獣が喰って
獣を人間が喰う
今のところ人間が一番強いねぇ
でも人間を喰う者がいたなら
ソレが最強だね
坊や
最強になりたくないかい?
おじさんを…
おじさんをかじってみないかい?
嫌なら

おじさんが坊やを…
ふしゅふしゅ
おじさんが坊やを
かじっちゃうよ
さぁ坊や
腕を出しなさい
おやおや
珍しくおじさんを
睨みつけているね
自分の意見を出せるように
なりましたってかっ
パチパチ
御立派御立派
しゃふ
しゃふしゃふしゃふ

47

グッドモーニング
おはよう坊や
さぁ公園だよ
今日はテストだよ
とってもとっても重要な
テストだ
なんのテストかって？
まぁいわば鬼ごっこだな
おじさんが鬼で
坊やは逃げる
鬼が目をつぶる時間は5時間
その間どこまで逃げてもいい
そして24時間
鬼から逃げきったら合格だ
ではいくよ
1.2.3.4.5.6.7.8………

……17998.17999.18000
ふぅ…
おや…目の前に立っているね
坊や、逃げてないのかい？
5時間ずっとそこに
　　立っていたのかい？
…
…帰ろうか…
おじさんと手をつなぐといい
今日は坊やが好きなポトフにしよう
デザートもつけよう
パイナポの缶詰だ
二切れ食べてもいい
さぁ急ごう
しゃふしゃふしゃふ

グッドモーニング
おはよう坊や
昨日言ったように
今日から旅行だよ
リュックサックに
何を詰め込んだんだい？
ほぉぬいぐるみ
ほぉお手紙セット
おや、おじさんの写真
またおじさんの写真
おやおや、おじさんの写真が多いねぇ
どうゆうことだい？
…え
…そうかい

昨日の夜中の電話を
聞いていたのかい
…そうだよ
坊やは明日パパとママのところに
帰るのだよ…
さぁ
電車の時間だ
詳しいことは
電車で話してあげるよ
…さぁ
おじさんと
手をつないでくれないか
…坊や
行こう…

11

グッドモーニング
おはよう坊や
眠っていたのだね
電車の揺れが心地よかったのかな
あと8時間はかかるから
もっと眠ってもいいのだよ
あぁお腹が減ったかい
お弁当を食べよう
サンドウィッチだ
おじさんの手作りだよ

パンに揚げた小さいカニを
はさんでいるよ
さぁ大きいお口で食べるといい
うん、キレイなお口の中だ
おやおや、口内炎も治っているねぇ
うん、ツヤツヤでキレイ
潤いのある水気たっぷりの
とてもいい口の中だぁ
しゃふしゃふしゃふ

12

グッドモーニング
おはよう坊や
チャーリー先生だよ
今日は散髪をしよう
日本のスター香田晋みたくするよぅ
おや、坊や？
坊や？
…いないねぇ
んん〜ヨアキムもいない
もしかして2人で出かけたのかな

…まずいねぇ
2人きりなんて
取り返しのつかない事に
なっちゃうねぇ
追いかけよう
ふふしゅ
だいたいの
見当はついているからねぇ
大丈夫だ
大丈夫だよぅ

13

\# グッドモーニング
\# おはよう坊や
\# お腹がいっぱいになって
\# 眠っちゃったのだね
\# そろそろ駅に着く頃だよ
\# さぁ下車の準備をするのだ
\# 駅を降りてから
\# 徒歩で5時間ほど歩いた先が
\# 目的地
\# そう
\# 坊やの本当のお家だよ
\# 5時間歩くのは疲れるだろう

\# いいものを用意したよ
\# セグウェイだ
\# これで進みながら
\# いろいろお話をしてあげよう
\# 急がなければ
\# さぁ
\# 急ごう
\# セグゴー
\# しゃふしゃふしゃふ

14

\# さぁ坊や
\# セグでゴーしよう
\# まずは坊やに謝らなければならないねぇ
\# 坊やをパパやママから引き離したのは
\# おじさんなのだよ
\# 理由はカンタンだよ
\# チャーリー先生に命令されたからだよ
\# そして
\# もともとおじさんも
\# 坊やと同じで
\# チャーリー先生に連れてこられたのだよ
\# そして
\# こんなんになってしまった
\# いろんなお薬を飲まされて
\# いろんな教育を受けて

\# いろんなところを洗われて
\# でも
\# おじさんは坊やといるうちに
\# 坊やが好き好きすぅになってしまって
\# 坊やをパパやママのところに
\# 帰してあげたくなったのだよ
\# 坊やとバイバイは嫌だけど
\# 坊やはそっちがいいものねぇ
\# さぁ
\# 早くしないと
\# チャーリー先生が来ちゃう
\# 先を急ごう
\# ヘリアップ
\# セグゴーだ
\# しゃふしゃふしゃふ

15

\# はじめまして
\# 坊や
\# アランと申します
\# チャーリー先生から連絡を受けて
\# 坊やを連れ戻しにまいりました
\# ヨアキム先生
\# おとなしく
\# 坊やをお渡しください
\# でなければ

\# ヨアキム先生の
\# 鼻っ柱を
\# 濡らしたジーパンで
\# ぶん殴らなければ
\# ならなくなります
\# さぁ
\# おとなしく
\# 御引き渡しください
\# げじゅげじゅげじゅ

16

\# これは困ったねぇ
\# 坊や
\# 坊やはひとりで御行きなさい
\# おじさんはアランさんと
\# 用事ができました
\# この道をまっすぐ進めばいいのだよ
\# ヘリアップだよ
\# 行きなさい
\# ヘリアップ！
\# ヘリアップ！
\# セグっ
\# ゴーゴゴーっ！
\# しゃふしゃふしゃふ

17

\# おやおや
\# ヨアキム先生
\# 濡れジーパン決定ですねぇ
\# げじゅげじゅ
\# ホンッ
\# ホンッホンッ
\# ホンッ
\# げじゅげじゅげじゅ

18

\# やんっ
\# はぁっ
\# やんっ
\# やんっやんっ
\# 痛いのだね
\# 痛い痛い
\# しゃふしゃふしゃふ
\# せめて坊やが家に着くまでは
\# 時間を稼がせてもらいますよぅ
\# はぁっ
\# やんっやんっ
\# 痛いっ
\# やんっやんっやんっ

19

\# やんっやんっ
\# やんっやんっやんっ
\# 痛いっ
\# 痛い痛いっ
\# タイムっタイムですアランさん
\# 濡れジーで叩かれすぎました
\# もう結構でしょう
\# 坊やもそろそろ家に着く頃でしょう
\# しゃふしゃふ
\# そろそろ反撃開始と
\# させていただきます

\# いきま…
\# やんっやんっ
\# タイムタイムっです
\# アランさん
\# 落ち着いてください
\# しゃふぅぅぅー
\# ではいきま…
\# やんっやんっやんっ
\# やんっやんっ
\# 痛いっ
\# やんっやんっやんっ

20

\# げじゅげじゅ
\# そろそろ仕上げです
\# 濡れジーパンの裾に石を入れまして
\# よいしょ
\# 裾をくくりまして
\# よいしょ
\# 完成です
\# ヨアキム先生
\# コレであなたの鼻頭を
\# ブッ砕かせていただきます
\# げじゅげじゅげじゅ

\# では
\# 覚悟をお決めください
\# いきますょぅー…
\# げじゅ？
\# げじゅげじゅ？
\# 後ろから気配ですね？
\# 猛スピードですねぇ
\# 突っ込まれましたっ
\# ふぐっ
\# あ、あなたは
\# …坊や…？
\# げじゅゴフっずじゅんっ

53

坊や…
どうして…
どうして戻ってきたのだい
わたくしなんかを…
しゃふー！
素晴らしい勇気です
しゃふしゃふしゃふ
はじめて言いましょう
坊や…
…テンキュウ??
アランさんは気を失っていますが
トドメを刺しておきましょう
この裾石濡れジーで

てりゃっ
さぁ坊や
先を急ぎましょう
セグウェイは壊れてしまいましたね
テク歩（ポ）っていきますよ
…手をつないでねぇ…
しゃふしゃふしゃふ

21

さぁ坊や
ずいぶん歩いたねぇ
ほらほら
お家が見えてきたよぅ
しゃふしゃふ
おや…
どうしたんだい坊や
足が止まっているねぇ

22

歩きな坊や
坊や…
帰りたくないのかい？
そうか…
大丈夫
おじさんとはお別れだけど
もっともっといいことが待っているよ
いこう
うん、いい子だ
さぁ着いたよ…
玄関のドアは坊やが開けなさい
さぁ坊や、まいりましょう
オーーーっプンっ
しゃふしゃふしゃふ

54

\# おかえりなさぁぁぁぁい
\# ふしゅしゅ
\# ずいぶん待ったよ坊や
\# そして
\# ヨアキム先生…
\# いや、ヨアキム坊や…
\# 2人とも
\# 入りなさい
\# ふしゅしゅしゅしゅ
\# ふしゅしゅふしゅしゅ

23

24

\# どぶどぶどぶどぶ
\# おかえりなさいませ
\# アーンド
\# はじめまして
\# わたくしチャーリー先生の
\# メイドをつとめております
\# モハメドと申します
\# あったかい御紅茶を入れますので
\# ヨアキム先生
\# この拷問チェアーにお掛けください
\# きをつけっーーーー！
\# シットダーーーウンッ！
\# どぶどぶどぶどぶ

25

\# しゃふしゃふ
\# ココは言うことを聞いたほうがヨサだねぇ
\# 着席しましょう
\# ふしゅうぅぅ
\# ずいぶんと針が出ているチェアー
\# 尻肉がズタボロザクロになりますねぇ
\# ふしゅふしゅ
\# さぁ
\# メイドのモハメドさん
\# はじめてください
\# 坊や
\# 坊やはマナコを鬼閉じで
\# よろしくお願いしますぅ
\# ふしゅふしゅふしゅ

26

\# どぶどぶどぶ
\# ヨアキム先生
\# なんとも
\# 聞き分けのいい方です
\# 素晴らしい
\# さてさて
\# もうひとつチェアーがありますよ
\# では
\# 座ってください
\# どぶどぶどぶ
\# シットダウンです
\# シットダウンッ??
\# チャーリーっ????
\# どぶどぶどぶどぶどぶっ

ふしゅしゅ
わたくしに命令するとは
モハメドよ
偉くなったものですねぇ
しかし
いいでしょう
ここはあえて
モハメドに乗っかってみましょう
ふしゅしゅ
んぐぅーーーー
ふしゅしゅふしゅしゅ

27

28

さてさて
坊や様
今からゲームをしましょう
今からわたくしが質問をしていきます
正解をするたびに
ひとつずつセグウェイのパーツを
プレゼントいたします
全問正解なら
セグウェイを組み上げ
お好きなところにお逃げなさい

どぶどぶどぶどぶ
不正解なら
ヨアキム先生のお顔に
鬼炊き熱々高野豆腐を
トンっさせていただきます
チャーリー先生は見学ですぅ
どぶどぶどぶどぶどぶ
それでは参りましょう
第1問っ

どぶどぶどぶ
それでは第1問
わたくしモハメドは男性だ
坊や、お答えください
ほぉーイエスですか
高野豆腐をトンっ
不正解、女性でございます
それでは第2問
わたくしモハメドは30歳より上だ
坊や、どうぞ
あら、イエスですか
高野豆腐をトンっ
正解は19歳でございます
それでは第3問
わたくしモハメドは坊やの…
実は…坊やの…姉だ…
どうぞ
…

かんがえてください…
どぶどぶどぶ…
どう思いますか、おとうと…いやっ…
…坊や…
答えを…さぁ！答えをっどうぞっ！
あぁぁぁーどぶどぶどぶ
どぶどぶどぶっ
イエス…イエスですか…
どぶどぶどぶ
どぶどぶどぶ…
高野豆腐をトンっ
姉なわけないでしょう
どぶどぶどぶ
余興は終了です
ヨアキム先生、チャーリー先生
審判の時間ですっ
どぶどぶどぶ

29

どぶどぶどぶ
審判の時間ですっ
それではココに
鋭利なエゾシカの角を
ご用意いたしました
メッキ加工を施した
超クールな代物です
坊や様、どうぞ
どぶどぶどぶ
チャーリー先生とヨアキム先生は
上海ガニの甲羅で
目を覆っていただきます
準備は整いました
それではラストアタックジャッジっ！
パフパフパフー？

坊や様が悪りぃー奴だと
御思いの奴の脳天を
メッキエゾ角で
ブっ叩いてトドメちゃってください
3分以内にどうぞっ
どぶどぶどぶ
どぶどぶどぶどぶどぶどぶっ

30

31

しゃふしゃふしゃふ
坊や
自分の意思で決めるといい
おじさんは
坊やにトドメちゃわれても
恨んだりはしないよぅ
坊やは強くなったよぅ
自分の脳みそで
自分の意思で
自分の睾丸で
判断するのだよぅ
坊や…
アイ…ラービュゥ…
しゃふしゃふしゃふ

32

ヒィッ
坊やっ
やめいっやめいっ！
悪いのはヨアキムだっ
わたくしは身寄りのない子供を引き取って
社会に対応できるように
教育をするという仕事の人なのだっ
坊やはそのひとりなんだよっ
ヨアキムもそうっ
でもヨアキムがこんなんなっちゃって
僕もビックリなのよっ！
僕は子供たちを立派に
育ててあげてるの
ねぇっねぇっ
分かるでしょっ

僕はいい人なんだよっ
だから
やめてよっやめてよっ
ヒィー
おいっ
おいっおいっ！
糞ガキ
俺の事トドメりやがったら
バケモンになって枕元で
テメェの鼻蹴って
鼻血でパチャパチャ
泳がしてやっかんなぁー
わかったかぁー
糞ガキっ！
ふしゅしゅしゅしゅしゅしゅしゅしゅ！

33

\# それではお時間ですっ
\# どぶどぶどぶ
\# 坊や様っ！
\# どうぞっ！
\# どぶどぶどぶっ
\# 審判は下りました
\# 坊や様ご苦労様です

34

\# げじゅげじゅげじゅ
\# あー疲れた疲れた
\# ずいぶんヤラレちゃったよぉ
\# げじゅげじゅげじゅ
\# よーよー
\# モハメドちゃん
\# 審判はくだったのかい？
\# ホホォ
\# やっぱそうなりますわなっ
\# ご苦労様です
\# 坊や様

\# そして
\# ヨアキム先生
\# げじゅげじゅげじゅ
\# これからはおふたりで
\# ゆっくり御暮らしください
\# わたくしども夫婦は
\# これで失礼します
\# 行こうか
\# モハメドちゃん
\# げじゅげじゅげじゅ

\# どぶどぶどぶ
\# うんうん
\# ダーリン
\# じゃっ
\# お先ですぅー
\# あっ
\# そうそう
\# 坊や様っ
\# 最後のジャッジ…
\# 高野豆腐をトンっ
\# ですよっ
\# バイビー
\# どぶどぶどぶどぶどぶどぶ

35

\# しゃふしゃふしゃふ
\# さぁ…
\# 坊や…
\# いろんなところを
\# 洗おうか…
\# しゃふしゃふ
\# しゃふしゃふしゃふしゃふしゃふ

36

＃どうも
＃坊やです
＃長々とありがとうございました
＃わたくし坊やは
＃ヨアキム先生とこれから
＃邪悪に暮らして行きます
＃それでは
＃コレで
＃インスタグラムは
＃通常に戻りますので
＃失礼いたします

END

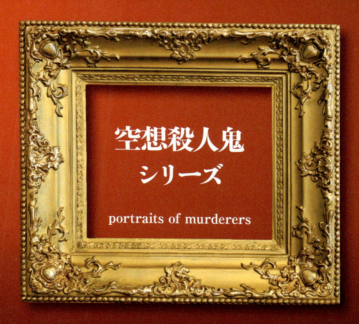

01 ｜ベンジャミン・ボーナス

通称：マネーオーナー

　先祖代々の大金持ち。国家予算張りの金を持っている。政界ともつながっており各国の首脳がアメリカにきた際、一番にベンジャミンのところに挨拶にくるという。

　表向きは害虫駆除会社社長だが本当の顔は少年売買業と薬の密売である。世界に出回っている8割の薬は彼が仕切っている。何度も捕まっているが全て金で解決してきた。金にものを言わせハリウッドにとどまらず世界各国の美人女優と関係を持つ。女性に飽きたベンジャミンは少年に興味を持ち出す。

　自ら賞金100万ドルのダンスオーディションを開催。参加した少年たちをさらい薬漬けにし、ペットとして家に住まわす。飽きれば少年愛好家達に売りさばく。さらわれた子の親の訴えもあり何度も捕まっているがその都度、巨額の示談金を払い無罪。現在もベンジャミン主催のダンスオーディションは世界各国で開催されている。

02 ｜ジョン・パートリッジ

通称：エレファントホール

　生まれた時から6800gと巨大な子だった。小学校に入る頃にはすでに197cm、106kgと巨大で皆から、象と呼ばれイジメられていた。そのせいか子供の頃からしゃがみこんで地面をペタペタ触っている子だった。気がつけば地面に穴を開けてそこに住みたいと思うほど地面が好きだった。

　そんな彼は年頃になり恋をした。しかし象には誰も近づいてこない。そこである方法を思いついた。大好きな地面に穴をほりそこに女子を放り込めば2人っきりになれる。そう考え作戦決行。女子をおびき寄せ穴に突き落とした。

「ようこそっ象の穴へ」

　ジョン・パートリッジはそう言って、マスターベーションをはじめ、精液を穴に出した。5年後女の子は発見された。すでに餓死しており穴は精液で満杯状態。トプントプンしていた。穴から出された女の子の遺体はツヤツヤしており鏡を思わすほどだった。

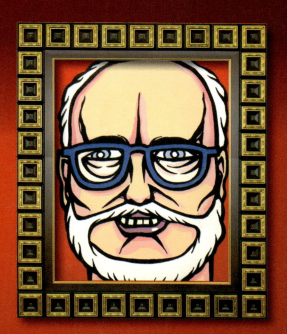

03 ｜ ジム・オルガ

通称：アイアンボックス

　家は貧しく父親ひとりに育てられた。父は厳しく何かと殴られていた。オルガは16歳で家を出て、専門学校で溶接技術をマスターするがその職にはつかず、カリフォルニアに渡りホームレスになる。10年ほどホームレスを経験したのちユタにもどり実家をたずねる。父は寝たきりになっており動くこともできず痩せ細っていた。その父をみて指をさしてケタケタ笑ったという。
　第一の殺人。12歳の女の子に洋服を買ってあげようと誘い、家に連れ込み動けない父の目の前で女の子を切り刻み、得意の溶接技術を活かし30cm四方の鉄の箱とともに溶接。第一の殺人から2年ののち女の子をさらおうとしたオルガが現行犯逮捕され、家宅捜索したところ、家の中にはミイラ化した父と19個の鉄箱があった。全ての鉄箱には奥行き30cmほどの穴があいており、精子がたっぷり入っていた。

04 ｜ リチャード・バレル

通称：排ガス人間

　18歳の誕生日に父から67年製マスタングを譲り受け、車に興味を持ちだす。仲間とパーツを盗んではカスタムを繰り返していた。23歳でマスタング専門のカスタムショップ『バレルの車屋さん』をオープン。相変わらずパーツを盗んでは客のマスタングをカスタムするというノーコストの商売で経営は上々。センスの良いカスタムにも定評があり、ディスカバリーチャンネルなどのメディアにもとりあげられるほど経営は鬼だった。気がつけば店舗も増え28歳で年商5億を叩き出す大金持ちになっていた。
　そんなある日、『週刊 世界のお金持ち』という雑誌の取材を受ける。意気揚々と話すバレルは自慢気に「パーツは盗んでんだわー。コストゼロなんだわー。あ、この話、内緒でお願いだわ」と話してしまう。面白がった記者はその話をそのまま記事に載せてしまう。ブチギレたバレルはその記者を呼び出し暴行し拉致後、ロープで縛りマフラーに雨どいをかまし、直に排気ガスを2日間吸わせて殺害。その事件から排ガス規制が厳しくなり世間は「ECO ECO」言い始める。

05 ｜ マーシャ・ベラミー

通称：ぶっかけベラミー

　幼少の頃から美人で常に人気者だった。誕生日にはクラスの男子からのプレゼントでロッカーはあふれかえっていた。男は全て私に夢中になると考えだし性格がひん曲がっていく。18歳で故郷を出てニューヨークに部屋を借りる。当然、家賃は男に貢がせていた。それどころか生活費も全て他の男に貢がせた。いっさい働かず豪勢な食事となまくらな生活のせいで1年で30kg太ってしまう。貢ぎ男は徐々に離れていき醜くなったマーシャは誰にも相手にされなくなる。

　マーシャは自分の醜さを棚にあげ美しい女性に怒りをむける。夜中待ち伏せ、そして美しい女性の顔にかたっぱしから硫酸をかけた。顔に硫酸をかけられた女性の人数は29人で、うち3人はショック死した。

　30人目を襲おうとした瞬間、警察に取り押さえられ現行犯逮捕。その際、自分の顔に硫酸をかけ自殺を図るも顔がただれるのみで死亡には至らなかった。10年の刑期を終え、現在はただれた顔を治療した整形外科医と結婚。3人の子供にも恵まれ幸せに暮らしている。

06 ｜ フィル・オルブライト

通称：キラーボール

　子供の頃からロボットが好きで将来の夢はロボットを作ることだった。大学でロボット工学を学び大学2年の頃には話せてハシも使え二足で歩くロボット『SAWAKO』を作製。『SAWAKO』はロボコンクールで優勝しアメリカ代表として選出される。フランスで行われた世界大会では惜しくも2位で涙を飲むこととなる。その時の優勝者は日本人が製作したロボ『KOSAKAI』だった。『KOSAKAI』はタップを踏めるロボットだった。

　フィルは自分のロボットのほうが優秀だと協議会に直訴したが聞き入れてもらえず復讐を誓う。そして1年後のロボコンクール。そこにはフィル・オルブライトの姿はなかった。とどこおりなくコンテストは行われ優勝者を発表しようとしたその時、大きな鉄球が会場に投げ込まれた。鉄球には復讐のフィルと書かれていた。鉄球はゴロゴロ転がりながら人や物をなぎ倒し会場を去った。160人近くの死傷者を出す大事件になった。数時間後、鉄球は川の底で見つかった。

　何処かでコントロールしていたはずとフィル・オルブライトを警察は捜したが見つからなかった。フィルの家に家宅捜索にはいった。すると1枚の設計図を見つけた。そこには機械式鉄球の中にフィル本人が組み込まれているというものだった。直ちに鉄球を引き上げ鉄球を割ると中には機械と一体化したフィル・オルブライトが満面の笑みで死んでいた。

07 ｜ リス・コリン

通称：フジヤマボーイ

　2歳から子役事務所に所属するも全く仕事はなかった。他の子役にはどんどん仕事が振られていく。自分の子には仕事を振ってくれないと両親は苛立っていた。そんな両親を見てリス・コリンもストレスがたまっていた。リス・コリンの両親は所属事務所に1通の手紙を送った。
「あなたたちの事務所に所属してからもう2年が経ちました。しかしうちの息子は一度も仕事をもらってません。うちの息子は日本の喜劇役者、藤山寛美先生の生まれ変わりだ。あなたたちはうちの息子にもっと仕事を与えるべきだ」
　事務所側も両親にひと言だけ手紙をかえした。
「明日、事務所でオーディションをします」
　両親はリス・コリンに一夜漬けで演技やダンスを叩き込んだ。両親の指導はそうとう厳しくリス・コリンは血涙を流すほどだった。この時、リス・コリンのストレスは限界に達していた。
　次の日、オーディションに現れたのはリス・コリンひとりだけだった。オーディション開始、質問される。
「お名前と年齢、それと趣味はなんですか？」
「リス・コリン、4歳。趣味は親殺し」
　そう言ってカバンから両親の頭を出した。そして頭に血をべったり塗り髪型をシチサンにし、頬と鼻頭も血で赤く塗り首を軽くかしげながらニッコリ笑った。その姿はまるで喜劇役者 藤山寛美先生のようだった。リス・コリン、4歳。世界で最も若い殺人者である。

08 ｜ ガレス・リンチ

通称：ボーンシップガレス

　幼少時代、身体が弱く友達の家にお泊まりにいくと鼻がグジュグジュになるタイプの子だった。外では遊ばず、いつも部屋で趣味のボトルシップを作っていた。そんな貧弱な子をみかねて両親はガレスにレスリングを習わせた。みるみる頭角を現し16歳でミシガン州の学生チャンピオンになる。20歳で全米チャンピオン。21歳で世界チャンピオンになった。
　しかしガレスの勝利には謎が多い。一度対戦した相手は基本引退してしまう。連勝に次ぐ連勝だが不戦勝が異様に多い。疑問に感じたレスリング協会は調査し恐ろしい事実を知る。なんとガレスは試合中、対戦相手の肛門にシップを作っていたのだ。そして試合終了後ガレスは対戦相手に、「家に帰って肛門をご覧、素敵な船が君との旅立ちをまっているよ」とささやきハグをするのだ。
　レスリング協会はガレスを呼び出し話し合った。結果、レスリング協会の人間5人を絞殺。ガレス・リンチは逃走した。殺された5人の死体はハラワタと骨を抜き取られ、空洞部分に抜き取った骨で作った船がおかれていた。壁には被害者の血で "我、船出の時である" と書かれていた。ガレス・リンチは現在も逃走中である。

09 ｜ ニール・エバーソン

通称：ぶっといエバーソン

　16歳でアメリカの海軍に入隊。エリート中のエリートでみるみる出世する。顔も凛々しく女性にも人気が高く皆が憧れる存在だった。大のタバコ好きで歯がヤニで真っ黄色だがそれでも人気だった。しかしニールは女性にたいして臆病で話すことすらままならなかった。このままでは生涯童貞で終わってしまうと考えたニールは27歳の時、脱童貞宣言を自分の中で掲げる。
　ある夜ひとりでBarに出向き童貞を捧げる女性を探索。好み的にもアバズレ感もドンピシャな女性を発見、勇気を出し口説き、流れでモーテルに連れ込むことに成功した。部屋を暗くしベッドに2人は潜り込み脱童貞をスタート。女性を丁寧に愛撫していると股ぐらに異物を発見。それは陰茎だった。なんと、ニール・エバーソンの初の相手はニューハーフだったのだ。しかしニールは女性の裸を見たことがなかったせいで違和感を感じず、そのままニューハーフに童貞とヴァージン、両方を捧げた。
　次の日、海軍仲間に童貞を捨てたことを自慢し、内容を事細かく話した。すると仲間達はニールに「ぶっといの挿入されてやんの」と指をさし爆笑した。ニールは耳を真っ赤にし部屋を飛び出した。数分後ライフルを抱え戻ってきた彼はそのままライフルを仲間に向け乱射。18名の海兵を射殺することになった。ニールは現在、刑務所で看守に自らを抱かせてはタバコをもらう毎日を過ごしている。

10 ｜ アレックス・ガーフィールド

通称：レバードラキュラ

　12歳の時、学校で飼っていたウサギが何者かによって血まみれで殺されていた。それを発見し担任の女先生に見せたところ、その女先生は気を失って気絶する。その時見えた下着に興奮を覚え、年上の婦人の下着にしか興味がなくなる。それと同時に女性は血を見たら気絶すると思い込む。そこから動物の血を収集し女性に見せ、欲求を満たそうとする。しかしなかなか気絶しない。
　考えた末、女性本人の血なら気絶するという答えに行き着く。そして婦人をさらっては注射器で血を抜きとっていった。気絶するまで血を抜きとり、その後下着を覗きマスターベーションをした。婦人を殺すことはなく婦人たちは病院の前に寝かされた。その際、新鮮なレバーを"OMIYAGE"と書かれた袋にいれて置いて行った。血の処理に困りアレックスは警察に自首する。部屋には8人分120本もの血入り注射器と大量の中古コンドームが発見された。マスターベーションにコンドームを使うほど律儀な少年である。

68

11 | カズエ・ツジ

通称：カンフーレディ

　3歳の頃に両親と共にアメリカに移住。5歳から少林寺拳法を習い全米で3位の腕前。キッズコースを教えている。ある日、教え子の12歳の女の子が道場からの帰宅途中、3人の男に襲われ強姦ののち殺害される。

　怒り狂ったカズエは復讐を誓う。防犯カメラに映っていた映像をもとに犯人を探し出し全員殺害。陰茎を切り取り、出血多量で殺すといった方法である。自首をしたカズエは事情聴取中大変な事を知らされる。実は3人目に殺害した男は全くの別人であったというのだ。カズエが殺すべき男はすでに強姦、殺人の罪で刑務所に服役していた。それを聞いた次の日カズエは脱走し、その足で間違って殺した男性の陰茎を使い性転換した。

　1年後、男としてもう一度自首し刑務所に入る。その刑務所には3人目の男が収容されており、見事刑務所内で復讐の陰茎切断をとげる。そしてカズエ自らの性転換陰茎を陰茎に向かい深く土下座した状態で死んでいた。最後まで和と礼儀を重んじる心美しい女性だった。

12 | ジョン・オルセン

通称：足喰いオルセン

　子供の頃からプロレスが大好きで将来の夢はプロレスラーだった。18歳になったらプロレスの門を叩くと親や友達に言っていた。ジョンはプロレスラーになるために筋トレを毎日欠かさなかった。

　そしてジョン・オルセンは18歳になりプロレスの門を叩く。しかしジョン・オルセンはガキの頃から筋トレをやり過ぎたせいで身長が146cmしかなく小さすぎると入門を断られる。落ち込んだジョン・オルセンは3日3晩泣きじゃくった。

　そんな落ち込んでいるジョン・オルセンのことを聞きつけひとりの男が現れた。その男はジョン・オルセンにある錠剤を紹介した。その錠剤は毎日食後3回飲むと1年で10cm背が伸びるというものだった。ジョンは躊躇することなく購入。5年分で5万ドル支払った。毎日飲み続け5年後、1cmも背が伸びてなかった。怒り狂ったジョン・オルセンは入門を断ったプロレス道場に向かい、稽古中のプロレスラーを全員射殺。その後、ナタで遺体の足を切断。その足を焼いて食しているところを現行犯逮捕される。連行されながらジョン・オルセンは、「フクラハギ、ありゃ？ササミだわ？」とケタケタ笑っていた。なぜ足を食したのかは謎である。

13 │ ピーター・セシロ

通称：片目の火葬屋

　両親共にイタリア人で叔父がイタリアンマフィアのボスである。息子にはマフィアになって欲しくないと思い両親が叔父から離れるため、家族3人でアメリカに移住。しかし血は争えずピーターは16歳の時、マフィアチームに入る。みるみる出世し23歳で幹部になる。

　しかし32歳の時、ボスの嫁に手を出しボスに追われるはめになる。ピーターはボスたちのリンチにあい瀕死の重傷を負う。1年8ヶ月の入院の末、退院。チームへの復讐に燃える。ボスたちがアジトに集まっているのを見計らい、ガソリンをまき火をつけボスを含むメンバー全員焼死。火がおさまった時には68体の焼死体が転がっていた。

　テンションがマックスのピーターは口笛を吹き帰宅途中、川を優雅に泳いでいるカモに思いっきり石を投げるもその石はクチバシにあたり跳ね返ってピーターの目を直撃。ピーター・セシロは片目となる。川原で目をおさえうずくまっているところを逮捕。無期懲役で現在も服役中である。

14 │ ナンシー・ブラックモア

通称：プッシーランド

　母、祖母ともに売春婦で物心ついた頃から売春宿で育ち、母の売春行為をいつも見ていた。そのせいか、「男性器＝金である」が口癖で14歳で自身も売春を始め、18歳で同世代の女子を集め"コンドームス"という売春グループをつくる。客をオーディエンスと呼び、ベッドをステージ、性交渉をギグと呼んでいた。ちなみにプライベートの性交渉はリハと呼んでいた。

　登録売春婦が30人を超えた頃、警察が動きみるみる仲間は捕まっていく。そのうち自分も捕まると思い、「この客が最後の売春だ」と決め、貿易会社の大金持ち社長と1プレイ＄800で行為にいたる。男性を愛撫し、口に陰茎を含んだ瞬間に運悪く警察に踏み込まれ驚いたナンシーは男性の陰茎を噛みちぎってしまい、男性はショック死してしまう。そのままナンシー逮捕。手錠をかけた警察官の顔に口に含んでいた血まみれの陰茎を吹き付け、「ラストギグは失敗に終わっちまったよ」とケタケタ笑っていた。パトカーで連行されている最中もずっと大きい声で「アンコール！アンコール！」と叫んでいた。

15 ｜ ボニー・ボーノム

通称：粉砕機ボニー

　スラム街で育ち、物心ついた頃から犯罪に手を染めていた。16歳の時窃盗で捕まり少年院送り。そこでボクシングを習う。ボニーは相当ヒネくれた性格でジャブしか練習をしなかった。少年院を出てからもジャブ練を続けたボニーは気がつけばジャブで鉄の棒をくの字に曲げる程になっていた。ケンカになりジャブ一発で相手を倒すボニーはいつの間にか、スラム街の人気者になりチヤホヤされてもてはやされた。毎日酒を大量に浴び女をとっかえひっかえしていた。
　そんなある日、ボニー・ボーノムは殺人を犯してしまう。深夜2時頃ベロベロに酔っぱらったボニー・ボーノムはぶんどったオープンカーに女性を2人乗せ自宅へ向かう途中、時速90kmで電信柱に激突。乗っていた2人の女性は頭を強く打ち意識不明の重体になった。しかしボニーは泥酔状態のため事故を起こしたことにも気づかず、大声でT-REXの『Metal Guru』を口ずさみながら、バスドラと同じリズムで意識不明の女性2人の股間に交互にジャブを入れ続けた。警察が駆けつけた時には女性2人は死亡しており、ボニー・ボーノムは現行犯逮捕。女性2人の股間は砕け、産まれたての赤ちゃんの大泉門のようになっていたそうだ。

16 ｜ ジョン・ヤマザキ

通称：サムライペンチ

　父がアメリカ人で母が日本人のハーフ。幼少の頃はその見た目からひどいイジメにあう。何度も死のうと自分の身体をキズつけたが死ぬこともなく、人間はなかなか死なないものと知る。大人になり、同じ日本人ハーフたちを集め、ジャパニーズマフィア"TOYOTA"をつくる。
　身体の傷がコンプレックスになりキズを隠すため、全身にジャパニーズタトゥーをほどこす。敵対するチームの人間をさらっては拷問をくりかえす。その内容は椅子にくくりつけ歯をペンチで一本ずつ抜き、その後、身体の肉もペンチでちぎっていき殺す。拷問専用のコンテナには歯と骨と毛髪が山積みだった。ちぎった肉は自身が経営するステーキハウスでサイコロステーキとして売っていた。それがジャパニーズマフィア"TOYOTA"の収入源だったらしい。

71

17 ｜ マルコム・チャンドラー

通称：毒蜂チャンドラー

　子供の頃、森で蜂に襲われトラウマになったチャンドラー少年は26歳の時、トラウマを克服するべくアリゾナ州で養蜂場を経営する。次第に蜂と打ち解けていきトラウマもなくなる。ハチミツも順調に売れ、アリゾナで知らない人はいない程の金持ちになる。ハチで稼いだ男No.1としてギネスブックにものったほどである。
　しかし金を持ちすぎたチャンドラーは悪に手を染めはじめる。地元のゴロツキ共に金を配り手下にし"ビーフファミリー"というグループを作る。闇でカジノも経営、麻薬にも手を出し巨万の富を手に入れる。大金持ちになったチャンドラーは養蜂場に興味がなくなり、養蜂場を取り壊しゴルフ場にするという計画を発表する。しかしチャンドラーのハチミツのファンは多く養蜂場を壊すことに猛反発。アリゾナ州一のデモに発展する。
　すると、チャンドラーはアリゾナ州の人々にハチミツを配り歩いた。次の日アリゾナ州の人口の3分の1の人間が死亡。デモに怒り狂ったチャンドラーは毒入のハチミツを人々に配っていたのだ。チャンドラーが行ったこの大量殺人は世界の歴史上最も犠牲者を出した。マルコム・チャンドラーは殺人数最多としてもギネスブックにのっている。

18 ｜ トニー・オーガム

通称：首切りトニー

　ゆるやかなブルースの流れる街、メンフィスで豊かに育ったトニー。街ではそこそこの大学を出て、そこそこの職についた。その、そこそこのというところに苛立ちを感じていたトニーはその頃から自分の身体をキズつけ始める。徐々に身体を傷つけることに快感を覚えたトニーは、当時付き合っていた彼女のマライヤにも強要しだす。おそれたマライヤは警察に相談、トニーは連行された。
　警察署に入った途端、トニーはナイフを振り回し警察官13人の首を切りつけた。そしてトニーは自ら首を切り命をたった。その時の彼の表情は苦しみよりも快感に満ちた顔でキッチリ射精していた。

19 ｜ アラン・マサラボ

通称：ボーンビート

　罪、人間楽器。絶対音感の持ち主。音大を首席で卒業。エリート中のエリートだった。世界中の楽器のコレクターでもあり、新たな楽器を探し求めている。20歳の頃に仲間内で作ったサッカーチームの試合でキーパーを務める際にゴールポストに頭を強打し、骨折。その時の骨折音を心地よく感じ、骨折音を楽器にしようと考え出す。
　最初は小動物などを拾ってきては骨音を録音していたが物足りず人間に手を出す。さらってきた人間の骨を砕く音を録音しその音で音楽を奏でる。「15〜16歳の女の子の骨が一番良い音が出る」とマサラボ本人が述べている。警察に捕まった際も警棒で複数殴られたがその時の音を刑務所内で音符にし、作曲。それでCDデビューを果たした。

20 ｜ ハリー・ハウンタウン

通称：KABUKI

　日本に旅行に行った際 歌舞伎を見る。多大に影響を受け自国に戻ったら顔を白く塗って通学・通勤。そのうちヨリ純粋な白を求め自分で顔料を開発しだす。水彩絵具からアクリル絵具。真珠を砕いた粉を経て、もち米。そして行き着いた先はシャチの皮膚の白いところであった。皮膚欲しさに水族館に忍び込みシャチを襲おうとしたところ飼育員に発見され、その飼育員をシャチの水槽に落とす。飼育員はそのままシャチに噛み殺されてしまう。
　裁判ではシャチが殺したという意見とシャチの水槽に落としたことが殺人という意見で揉めるもシャチが犯人とはならず、彼に懲役20年の刑が処せられる。彼は今でも刑務所の中で顔を白くするため右往左往している。

73

21 | エルサ・コルサートル

通称：ピスタガール

実家がピスタチオ農家。父と母に穏やかに育てられた。ある日、ハリケーンの影響で育て上げたピスタチオ農園が壊滅状態に。借金を背負うことになった家族は厳しい取り立てにあう。それを苦に家族は夜逃げ。

数年後、20歳になった彼女は復讐のために動きだす。大量のピスタチオを女性器に詰め込み金貸しの事務所に向かう。事務所に入ると彼女はいきなり服を脱ぎ、股を広げて私のココを舐めなと言う。男は意気揚々と舐めだすと彼女はリキみ男の口の中いっぱいにピスタチオがなだれ込む。男は窒息死。彼女は復讐と快楽を同時に手に入れた。

22 | オド・ハーデン

通称：赤よりも赤く

女性と接するだけで全身が真っ赤になってしまうほど女性恐怖症。ニューハーフもダメでロン毛の男性ですら意識して真っ赤になってしまうほど。そうなれば、牛や犬などの動物のメスでもダメなんじゃないかと考え出す。「段階を追ってみよう」。そう考えた彼は順にメスと交尾していく。まずはメス牛、問題ない。続いてメス馬、正確にはポニー、問題ない。次はメス羊、イケる。メス犬は？ ギリ大丈夫。次は重要。メス猿が相手だから、……無理だった。

というのもボス猿に守られているメス猿が相手だから、当然群れに襲われる。しかし実験を無駄にしたくない彼はどうしてもメス猿と関係をもちたい。そこで彼はメス猿以外の猿たちを射殺。計30匹以上。過去最多の猿殺し

23 | マルコ・ロイコ

通称：逆さマン

　8歳の頃、逆さに吊られ陰茎を女子5人にナジられる。その時の快感が忘れられずマスターベーションは常に逆さである。徐々に逆さに慣れ日常の3分の1は逆さに。見た目の脈感も逆さのせいである。初めて彼女ができた彼は逆さを告白。彼女に頼み込み付き合ってもらい彼女も逆さで性交渉。行為の最中、頭に血がのぼり彼女はそのまま死亡。

　死んでいる事も気づかず逆さで腰をフリつづけているところを両親に発見され、そのまま両親の顔に射精。両親に通報され刑務所へ。彼は牢屋の中でも1日の大半を逆さで過ごし1日に8回は射精している。

24 | グラン・カーター

通称：エスカレカーター

　町の電気屋に生まれ常に近くに電化製品が色々あった。物心つく前から電化製品が遊び道具で電化製品が大好きだった。特にカーターのお気に入りは電池だった。かわいい電池を見つけてはお小遣いをため買いあさっていた。16歳になる頃には15畳の部屋が電池でギッシリ埋まるほどだった。実家の電気屋は順調でカーターが20歳の時には3店舗に増えるほどだった。しかし店の経営はイッキに傾く。店の斜め向かいに大型激安電気店『サマンサ電気』ができたのだ。客は一気に『サマンサ電気』に流れ、店は電球ひとつ売れなくなる。グランカーターの怒りは『サマンサ電気』に向けられ事件は起こる。

　『サマンサ電気』がセールで大行列の日、カーターも行列に並び店のオープンを待った。オープンと同時に店のエスカレーターを駆け上がり、エスカレーターになだれ込む大人数の客の足元に電池をまいたのだ。電池で足を転がされ雪崩のように崩れ落ちていく人々。その光景をニヤニヤ眺めカーターは自分のコメカミに単3電池を刺し自害した。この事件での死者は18人だった。その後、カーターの部屋を調べると電池が階段のように綺麗に積まれており、壁にはそれを登る天使たちに包まれた笑顔のグラン・カーター自身の絵が書かれていた。

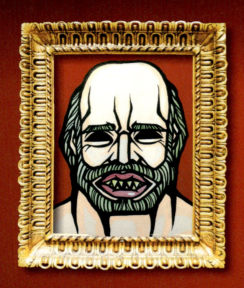

25 ｜ リト・シチリファ

通称：ウォーキンジョーズ

　50歳の誕生日にベロベロに酔った彼はドブに落ち前歯全損。歯がない状態の彼を近所の人々は笑った。恨んだ彼は入れ歯を作る。それはサメのように尖った歯だった。鏡を見た彼はまんざらでもないようでもっとサメに近づきたいと思い出す。
　そして彼は白目をタトゥーで黒くする。サメ男になりきり意気揚々と街を歩いていると人々は指をさして笑った。怒り狂った彼は銃を乱射。しかし全員足ばかりを撃っていた。動けなくなった人々にトドメの首ガブ。サメの如くである。サメに憧れサメになりきりサメのように噛み殺す。刑を全うし彼はいつか死ぬだろう。もし彼が生まれ変わるならサメであってほしいものだ。

26 ｜ ナターシャ・ベーコン

通称：コピーベーコン

　子供の頃、父に連れて行ってもらった美術館でゴッホの絵をみる。一気にゴッホの虜となり毎日ゴッホの絵を真似て描いていた。美大で本格的に絵を習うためスーパーでレジ打ちのパートをしながら、ナターシャはゴッホの絵だけを描き続けていた。ナターシャは自分の絵がどれくらいゴッホに近いのか知りたくなった。ナターシャは美術館に飾ってあるゴッホの絵と自分の絵を入れ替えて誰も気付かなければ私の絵はゴッホと同じだと考えた。
　そしてナターシャはソレを決行してしまう。夜中3時すぎ、ナターシャは美術館に忍びこみゴッホの絵を外し、自分の絵を引っ掛けようとした瞬間、ひとりの警備員に抑えつけられた。焦ったナターシャは警備員に私を好きにしていいから逃がして欲しいと言った。警備員はナターシャを裸にし性交渉をはじめた。ナターシャは初めての性交渉で痛みに耐えきれず失神してしまった。警備員はナターシャの失神に気づかず性交渉を続け射精した。コトが終り、失神をし白目をむき続けているナターシャを見て警備員は死んだと思い込み罪悪感からかロープで首をくくり自殺した。ナターシャが目を覚ますと下半身丸出しで首をくくった警備員の姿があった。ナターシャは窃盗と殺人の罪で逮捕。無罪を主張したが通らなかった。

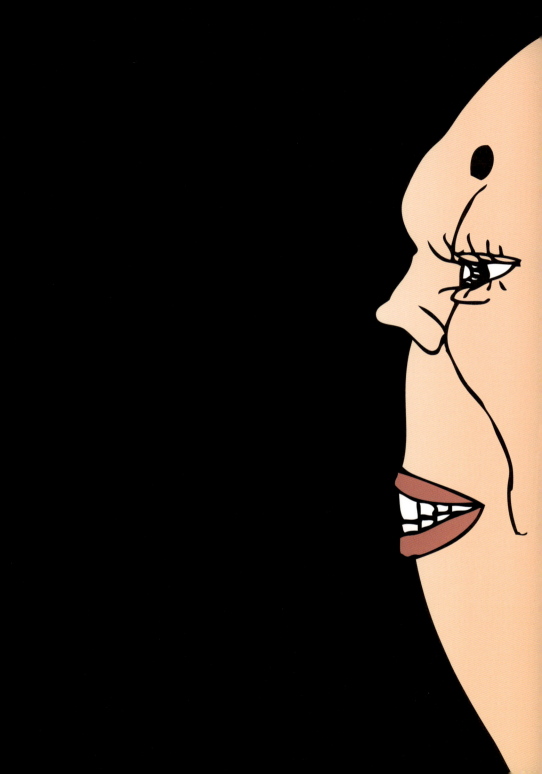

リリス

くせー花

足のうら

きたねーちぃー

でっけえ糞だぁー

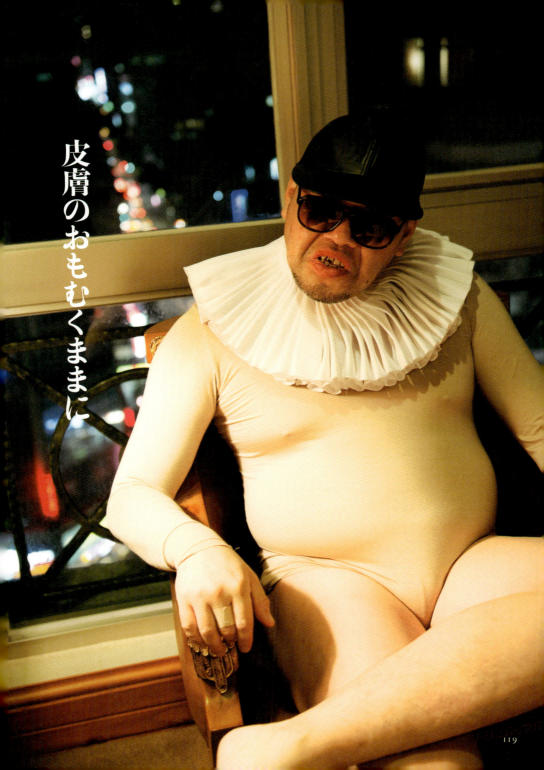

耳クソ程度の幸せと
ドンブリいっぱいの
不幸が訪れますように

雨しぐれ
たたずむ人間
コロコロと
青菜をさげて
す・す・足

キミのところに
届けよ、泡よ

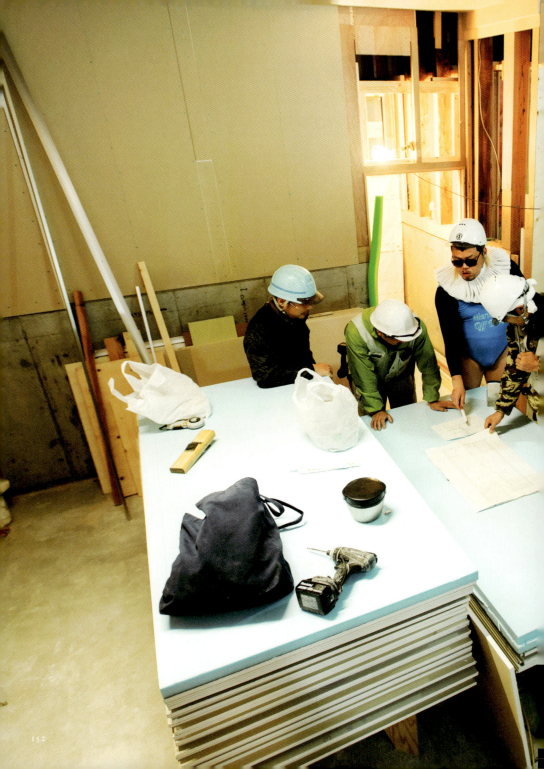

眼见

肝心かなめの OH! マイメン

作詞 作曲 なーさん

```
A#              F                    G   D#  F
折れたタバコをセロテープとめて　覚悟キメてキミを見る見るルッキング
A#              F                    G   D#  F
これじゃまるで笑えないピエロ　火照る睾丸フル回転モーターメン
D#                              A#
ダメよダメダメダメ男はマンモス　やっぱ力が１番しょいしょい
F                               A#
ダメよダメダメダメ女は顔面　なくない？よくなくないない？
D#                              A#
ダメよダメダメダメ男はマンモス　やっぱ力が１番しょいしょい
F                          F
ないない？よくなくないない？　なくない？Night&Night
A#          D#         F         A#
キスから始まるレッスン１　肝心かなめのオーマイメン
A# D#       A#
1.5 1.5 2.0 なら NO!NO!NO!
A#              D#             F            A#
オデコに Kiss？ホッペに Kiss？　お口もダメなら黒目に Kiss？
A#              D#         F           A#
座布もぐり 土もぐり 牛下もぐりで　牛！牛！牛！
D#                         F
デステニーが判定モンなら 2.5 いっちゃう
```

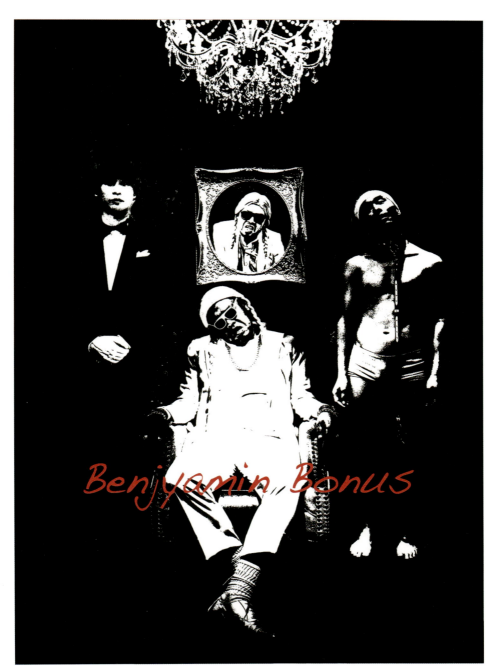

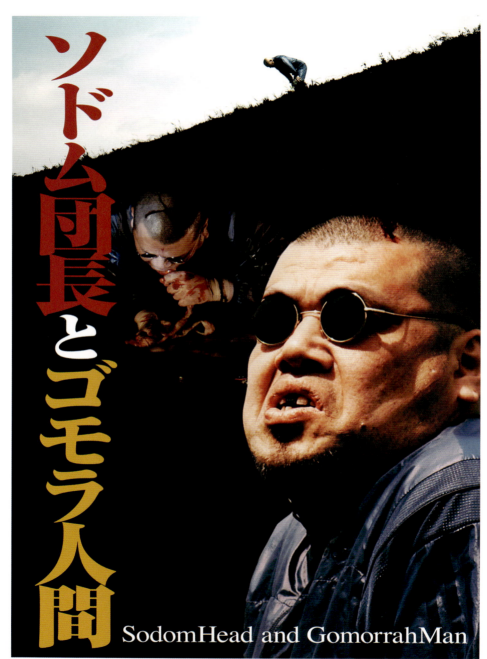

ヨーゼフ

息子が初めて語る!!
父・くっきーの真の姿とは?

本書『Wataridori』の制作を着々と進める中、
編集サイドへくっきーの息子だと名乗る人物からコンタクトがあった。
彼は「未来からやってきた」と話す。アポイントメントを取り付けた我々は、
息子と名乗る人物へインタビューを敢行。疑う気持ちは拭えないものの、
確かにくっきーによく似た男に、父・くっきーの素顔、
未来での本書の反響などを赤裸々に語ってもらった。
すると、我々の予想しなかった未来が明らかとなっていった。

——息子さんだということですが、お名前は?

「告人(コックピット)。2050年の帝都岐阜からきまして、現在42歳です」

——現在のくっきーさんと同じ歳ですね。未来でこの著書が話題になっていると聞いたんですけれど。

「確かに話題にはなっていたかもしれません。けど、父はこの本を気に入ってなかったみたいで、サインを求める客に対してすごく冷たい態度を取っていた思い出が。幼いながら唯一、怖い父を見た瞬間でもありました」

——どの辺が気に入らなかったんでしょうか。

「本のタイトル。『Wataridori』っていうのが"やっぱり違ったんかな?"って言うてましたね」

——ええっと、このタイトルって誰が考えたんでしたっけ?

「父ですね。食べてはいけない鳥だから、そこから付けたと言っていたような……

越冬する鳥たちは捕まりにくい。父もとらえにくい人だったので、自分と重ねてそう名付けたんでしょう。でも、気に入ってなかったみたいです。本もねぇ、あんまり売れなかったみたいですよ。初版1000部で増刷にならなかったとか。うちに在庫が800冊くらいあったので、実質売れたのは200部でした」

——告人さんも幼い頃からこの本を読んでいたのでは。

「そうですね。父のことは大好きやったんで、1枚1枚切り取って額装してました。本の中から、父の遺影も使いました。(と、本をめくって)これ、このチェチェナヒーローチェチェナマンです。お墓にもチェチェナちゃんが飾られてますよ」

——お好きなシリーズとか印象に残っている作品はありますか?

「僕が好きなのは、「空想殺人鬼シリーズ」かな。模倣犯が出て、社会問題になってしまって、父が疑われた時期もあり

くっきーの息子だと名乗る
告人（コックピット）氏

ました。その影響で自主回収となったから、200部しか世に出なかったのかもしれないですね。あと、「坊や」シリーズ。父の思い入れのある作品なんですけど、同じ柄のタトゥーを入れてました。僕の顔にも実は入ってるんですけど、今日はドーランで隠してるんですよ」

──あ、そうなんですか？ すごく自然ですね。

「未来のドーランは塗るんじゃなく、フィルムを塗るような感覚なんですよ。コンドームを被ってる感じっていうのかな。僕の住む世界は緑をすべてコンクリートに変えてしまった分、湿気が多くなっちゃって。みんな、体とかすべてにコンドームを着用してるんです」

──な、なるほど……。お父さんは自宅でも絵を描かれていたんですか？

「書斎で描いてましたね。幼少期は普通の一軒家に住んでたんですけど、2020年にオリンピックが終わってから、日本全体がゴロッと変わっちゃって。さっき話したように、木々を悪しきものとするようになってコンクリートで塗り固められてしまうっていう作業が地球規模で行なわれたんです。その影響で酸素不足になって、空気清浄機がすごく売れるようになりました。父がそのデザインを任されて、一躍大金持ちになったので大きな家に住んでましたね。猫を飼っていて、猫屋敷でした」

──何匹飼われてたんですか？

「未来猫3匹です。今で言うと、見た目はほぼ蟹ですけどね」

──蟹!?

「蟹が猫とされているって言えばいいのかな」

──あぁ……。えぇっと、お父さんの作風も現在と変わられている？

「2020年を境にこういう絵を描かなくなって、媚びへつらった作風に変化してしまったと聞いてます。フランチャイズで

喫茶店と牛丼屋を経営してましたしね。あと、レンタルビデオ屋も。未来ではビデオが流行ってるんですよ。音楽の主流もMD。一番コンパクトですし、見た目が蟹に似てるところがすごく流行っていて。僕らの世界では蟹がすごく重宝されてるんですよ。逆にシャコが気持ち悪いという理由で、すごく嫌われてますね」

——はぁ……。そもそも告人さんはどうやって2018年にきたんですか？

「こっち側の人は知らないんですっけ？父が20代の頃、人気となった時東●みさんの自宅が出入り口になってるんですよ。ほら、あのメガネをかけてグラビアをやってた……」

——あぁ、はい。あの方ですね。

「彼女は現世で有名なあの整形クリニックと手を組んで、永遠の命と美を手に入れたんです。未来ではビッグマザーと呼ばれていて、宗教を凌駕する存在になってるんですよ」

——その方のご自宅は、誰でも出入りできるんですか？

「彼女の宗派であれば。平和だとはいえ、反発する宗派もいて……ほら、ロックっぽい曲を歌ってたアイドルがいたじゃないですか」

——あぁ、あのアイドル！……いやいや、じゃなくて、現世にきたのはお父さんに会う目的ですよね？

「僕の年齢と同じ頃の父を見てみたかったんです。連絡を取ったら、今、胃がおかしくて心療内科に行ってるみたいで。もうちょっと待ってくれって言われたの

で、こっちに1〜2泊くらいしようかなと思ってます」

——どちらに泊まられてるんですか？

「西鉄インです。今、清掃の時間で空いてたので、この取材も受けさせてもらいました」

——帝都岐阜にお住まいっていうことは、首都は変わったんですか。

「そうですね。2020年のオリンピックも岐阜でやりました。父の出身地である滋賀も岐阜に取り込まれましたし、琵琶湖もコンクリート化の一環で埋められてしまって、直径2メートルくらいになりました。そうそう、以前活躍していた大食いの人いたでしょ？　大きい人。あの人が未だに活躍してますよ。今のチャンピオンは別の人ですよね？　その人は生放送でゲロ吐いて、テレビに出られへんようになったんです。鼻からもゲロが出てたし、丸太くわえてるんかって思うくらい太いゲロ吐いて問題になっちゃって」

——大食いは、未来にも存在しているんですね。

「まぁ、食べ物は今と全然違いますけどね。こっちで言うところのゼリー飲料が主食ですから、大食いでもみんな、ゼリーすすってますけどね。あと、未来の人間は歯がないんです。僕のこれは付け歯で、ゾイドの関節キャップはめてる感じなんですよね」

——へ、へぇ……。我々の思う未来とは全然違うので驚きました。

「そうなんです。でも、毎日楽しいですよ」

ベンジャミン・ボーナス様でございます

ベンジャミン・ボーナス

彼の名はベンジャミン・ボーナス様、世界有数の
カジノのオーナーでございます。
黒衣をまとし、このカス男はアダチ。ベンジャ
ミン様の秘書でございます。
彼は『1982年度脳外科オペっちゃおうコンクール』
で準優勝となった腕前を持つ脳外科医。
現在はベンジャミン様に媚びへつらうカス男でご
ざいます。

捌く輸入業者でございます。

すべてが不明でございます

ボーナス様の秘書でございます

首輪につながれた包帯少年、彼の名はカルキン。
出身地、誕生日、年齢すべて不明。ベンジャミン
が溺愛する物言わぬ肉人間でございます。
ベンジャミン・ボーナス様の表向きの顔はカジノ
経営者ですが本当は世界中の富豪に美少年を売り

ベンジャミン・ボーナス様は密かにダンスオーデ
ィションなるものを開催なされました。
それは新たな美少年を発掘するためのオーディシ
ョンでございます。
ダンサーになるという無垢な夢を抱く少年たち。

ベンジャミン様はお訪ねになりました。
「ドゥー ユー ライク マネー？」
すると、ひとりの少年が立ち上がり言ったのです。

「わたすは自分のダンスを世界に認めさせたいだけなんです！」
それはなんとダンス一筋ですとブリブリぶった脳みそチンパン発言でしょう。
退出命令発動！
ベンジャミン様は静かにその少年を退席させなされました。

おやおや、ベンジャミン様。
次は2機の女型人間に興味津々の御様子。
「アーユーアーレズビアン？」
ベンジャミン様がお尋ねになりました。

すると女型人間2機は言いました。
「違います」
退出命令発動！
しかし女型人間2機は「踊らせてください！」と己が判断で踊り出したのです。
それはまるでTRFの後ろの人たちのように軽やかな舞でした。
しかし「ゲット アウト！」
ベンジャミン様は女型人間2機を退出させなされました。

3人が脱落土返ししたところでオーディションがスターツでございます。
カス男・アダチの「ダンスに必要な瞬発力を見せてください」との声に立ち上がったのはひとりの挑戦者でございました。
いきなしシャドーボクシングを始めた愚男。
鬼謎ハテナハテナな行為でございます。

それを静かに見ていたベンジャミン様はこう言ったのでございます。「私の顔を殴りなさい」と。
ためらう愚男でしたが、カス男アダチに札束を見せられると豹変。
ベンジャミンの頬に最弱細拳パンチを入れたのでございます。
札束を受け取ろうとするとカルキンのお注射により土返り。またひとりいなくなったところで次の審査でございます。

次はベンジャミン様の指示のもと軍手を上げ下げするゲーム「軍手アップダウン！」
超絶イージーなゲームに挑戦者たちは全員クリアでございます。
「みなさん、素晴らしい！」と誉め称えるベンジャミン様は「私の判断では落とす判断を決めかねる」とおっしゃられました。

そして、肉人間カルキンの手を取ると4人の知らない人間たちを指して退出命令発動。

「ゲット アウト！」
知らない4人は土返りとなりました。

とうとう残りひとりでございます。

「ウィナー！」
クリクリお目目のぶっとい君が勝者となったのでございました。
ぶっとい君は「感謝します！……アイ ラブ ユー、ベンジャミン・ボーナス」
と大喜びするのでした。
「テンキュウ……」

勝者のぶっとい君が案内されたのは 布団1組が敷かれたうす暗い部屋でございました。

ミニミニ声で電話するぶっとい君。
「母ちゃん、楽させてやっけんね」

そこへ、車いすに乗って現れたベンジャミン・ボーナス様。
「君に私たちの世界を教えよう…私が個人レッスンしてあげよう」とおっしゃられました。

私が個人レッスンをしてあげよう

カス男・アダチを外に出すとベンジャミン様はぶっとい君に悶絶ハグ。
ベンジャミン様は興奮なされた御様子でぶっとい君にこうおっしゃられました。

私に吸い付いてくるようだ

「おぉ、素晴らしい。君の体が私に吸い付いてくるようだ」
悶悶絶絶鼻息フグフグのベンジャミン様。
とうとうダムが決壊かっ！

「我慢できない！ 目をつむって大きく口を開けろ」との立場上圧力命令。素直に従う合格者。
次の瞬間！ ベンジャミン様のコンコルドの様なシャープちんぽがぶっとい君のお口の中に。

テンパったぶっとい君はまるで業務用サラミを噛み切るが如くガシュリ。
股間を抑えて悶えるベンジャミン様。
ぶっとい君は逃げ出してしまいました。

苦痛を訴えながら、カルキンに「アダチを呼んで！」と伝えますが、その声が届かず。
「アイ ラブ ユー、ベンジャミン・ボーナス……」と繰り返すだけのカルキン。

歯がゆさと憤怒のままに何度もカルキンを殴りつけるベンジャミン様でございます。
抵抗することなく拳を受け入れ、動かなくなった愛人間カルキンをゴリッとルックなされました。

そしてようやく我に返ったベンジャミン様でございましたが時すでに遅しでございます。

アイラビュー、カルキン

カルキンそのまま動かなくなり土返りでございました。
そして……股間から大量に血を放出されたベンジャミン様も……。

時間は流れひとり、ベンチで物思いにふけるカス男・アダチでございます。
彼が大事そうに抱えているもの、
それはなんとベンジャミン・ボーナス様の筒細胞でございました。

寂しそうなカス男・アダチは「アイ ラブ ユー、ベンジャミン・ボーナス」とポツリ。
筒細胞となったベンジャミン・ボーナス様はコポコポでございます。

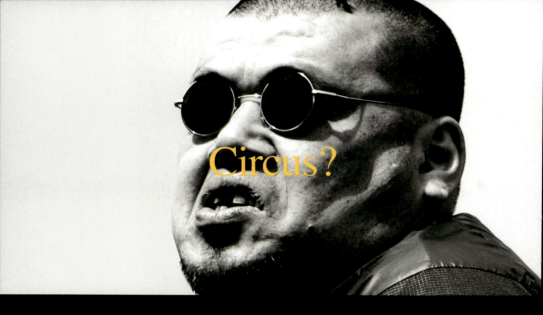

ソドム団長とゴモラ人間

のどかな田園だよ。なになに？
コイツ頭割れちゃってんよ。
あら、子供たちが走ってきたね。

「あっちでサーカスやってるらしいぞ！」
「サーカスだって」
「Circus ?」

オンボロサーカスだね。
団長の名前はソドム。
団員は性人間の安達。
怪力男の力丸。
そして可憐な踊り子・こまちゃん。
ほへーっ！ サーカス盛り上がってんねぇ。
ソドム団長なんだかココが気に入ったんだね。
「しばらくここに居座ろうと思う」だって。
団長が差し出したご褒美！ 銀シャリのためにねぐらを探しに行く団員たちよ。
でもよく見りゃウジの群れだったんだよ。

ソドム団長とおこまは爆笑こいてんの。
あれ？ なんかゴツいの立ってんねぇ。
何も言わないの。頭も割れてんの。

ソドム団長は「心を閉ざすのはいいけど、あいさつくらいはしなきゃダメだ」と叱りつけたんだ。よく初対面のヤツに説教こけるよね。

寝ぐらを見つけたサーカスの面々は
森の中にぶっこんでったよ。
でも迷っちゃった。
「ガサゴソガサゴソ」
あれま不死人間（ゾンビ）かしら。
でも大丈夫。安達がナイフでグサリよ。
待って待って違う違う。
デコにナイフ刺さってんの頭割れたデク男よ。

デク男は教わった「おはようございます」を連呼連呼連呼っ。
ほらっ大声出すから不死人間（ゾンビ）が集まってきちゃった。
逃げてぇ。
翌日、デク男はみんなのお手伝いしたいみたい。
散り散りに食料調達に出てったみんな。
デク男も行ってきますよ。数時間後、結局なんも取れなくてひもじい団員たち。

そしたら扉がガタゴトガタゴトっ。
ありゃ不死人間（ゾンビ）？ でも大丈夫！
安達がナイフでグサリよっ！
あれ？ 違う違うっ！
デク男のデコにナイフがグサリよ。
あれ？ よく見たらデク男の両手に大量の魚。すんごいんだぁ。
魚を焼いて食ってる団長が言うんだ。
「コイツを仲間にしてやろうと」。

んで、バカみたいに魚食ってんから大飯喰らいのゴモラ人間という名前になったの。
おめでとう、ゴモラ人間。
おこまは仲間の証として、自分の切った髪でミサンガを編んであげたの。
ゴモラちゃん、よかったね。
サーカスがんばんのよ。

ゴモラちゃん。いよいよサーカス本番当日。
緊張してるゴモラちゃん。
とうとうゴモラちゃんの出番。

197

器いっぱいの肉玉をたいらげるパフォーマンス。
でもひとかじりしてお腹いっぱいに。
客席は激怒。
あれまっ。
失敗に落ち込み土手で座るゴモラちゃん。
下ではおこまちゃんが舞の練習中。

そしたら、団長現れてなんかしらのいいことをいうの。んで、「仲間を大切にするんだ」だって。
そしたら、ゴモラちゃんは泣きながら「コウイウトキハナンテイッタライイ？」と質問。
「嬉しいときはな！"ありがとう"でいいんじゃ」という団長を無視しておこまちゃんの側へ行って「ありがとう！ありがとう！」と大声連呼したの。
そしたらあれまっ！
不死人間（ゾンビ）が現れて、おこまちゃんをガブガブ。

おこまちゃん、不死人間（ゾンビ）になっちった。
ゴモラを責める力丸にソドム団長は許してあげんの。

そしたらゴモラちゃん「みんな……ごめん……ぼく……わるい」と泣いちゃってさ。
ソドム団長は優しく「おこまのお世話を頼んだよ」と告げんだよね。

みんなの温かさによって、心を取り戻しつつあるゴモラちゃんはおこまに近づいてさ、「きみのめんどうを見る……いいかい？」と伝えるが、顔面が気持ち悪いことを理由に拒否されちゃうの。
残酷ぅ。

ゴモラは教会にゴー。牧師に「顔面……変えたい……かっこよく……なりたい」と願うの。牧師は「受け取りなさい」と禁術書を差し出したんだよ。

その本には「醜い顔面を美しく変えたいならば、最も大切な人を殺し、その肉を食らうべし」と書いてあったんだ。
夜遅くふと目が覚めると団長の目の前にはゴモラが立ってんの。

「ワシを殺すのかい?」
と優しく話しかけたソドム団長。
「大切な人……大切な人」
と繰り返すソドムに
「殺して構わんよ。大切な人。ワシを選んでくれてありがとう」
と優しく死を受け入れちゃうんだ。

ソドム団長を食べちゃったゴモラちゃん。
関係ない安達と力丸も次々に襲っちゃって。

そしたら光と煙に包まれてさっ! 煙がなくなると、そこには元のゴモラちゃんではなく顔面が変わった凛々しいゴモラちゃんが立ってたの。

凛々しいゴモラちゃんは土手を歩きながら、あの楽しく温かかった日々を思い出し、「ありがとう!」と絶叫しながら血を吐いちゃうの! マジ意味不明なんですけどっ!!

一方、不死人間(ゾンビ)となったおこまは以前より手紙で求愛され続けた男にロープで縛られ連れて行かれちゃうの。
まっ、いいんじゃないっ!
人それぞれだからっ!
バイバイっ!

「野性爆弾のザ・ワールド チャネリング」より
Amazonプライム・ビデオで好評配信中

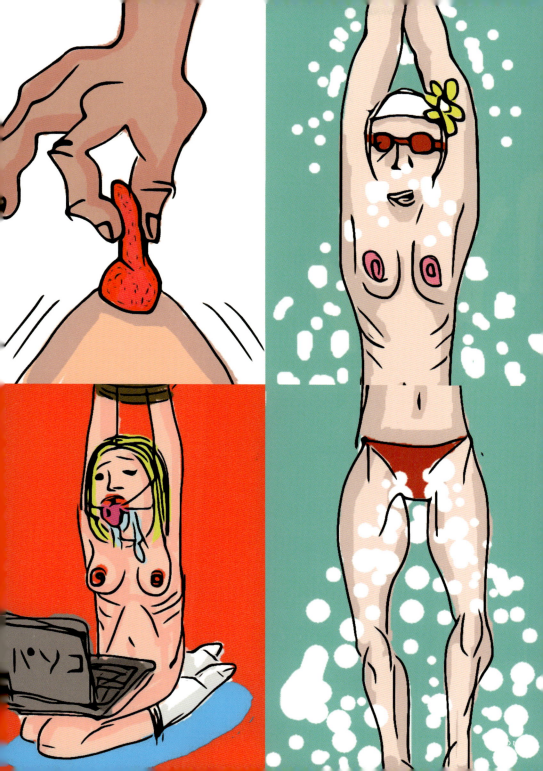

オルタナティア

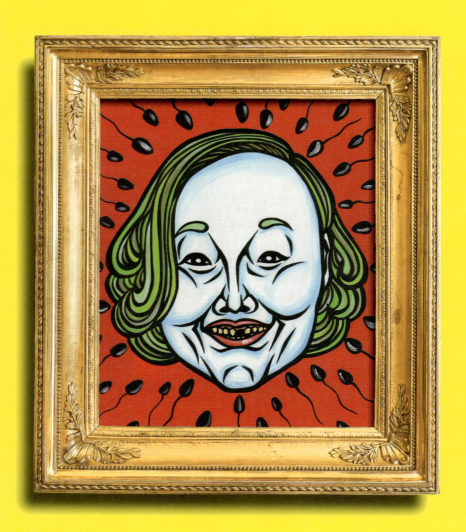

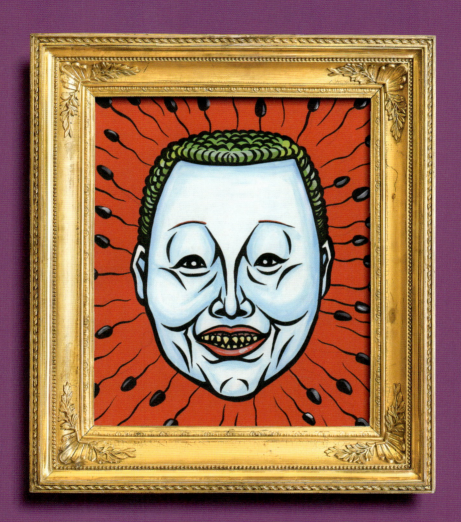

ご機嫌うるわしゅう。
お箸の持ち方先生こと先野枝毛子でございます。
お子様、海外の方、
どうぞお箸の持ち方をお学びください。

持ち方先生のお

口の中身

先野枝毛子

講師：先野枝毛子先生
アシスタント：トリートメント・エレーン

箸の持ち方講座

好きな異性の鼻下のホクロを
除去しちゃうときの持ち方

好きな異性の目ヤニを
取り取りしちゃうときの持ち方

好きな異性の肩口のホコリを
スルーしちゃうときの持ち方

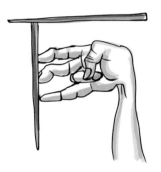

好きな異性の目ヤニを
優しく取り取りのときの持ち方

好きな異性が帰るのを
色っぽく引き止めるときの持ち方

好きな異性が食べているパフェを
ひとロちょうだいのときの持ち方

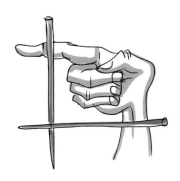

好きな異性が帰ろうとするのを
引き止めるときの持ち方

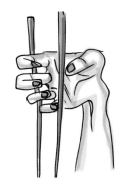

好きな異性の口の中に
差し込みヨダレを
ナチュナチュナチュのときの持ち方

好きな異性の耳穴に差し込み、
刺激でトントントンのときの持ち方

好きな異性の敏感なアソコを
ソフトタッチでトントントン
のときの持ち方

好きな異性とジャングルへ。
巨大な野生アナコンダと遭遇。
アナコンダを威嚇し撤退させるときの持ち方

好きな異性とラブホテル。
ちょうど良い明るさに調整する
ツマミを回すときの持ち方

好きな異性とデート。
予約したレストランに
道案内するときの持ち方

好きな異性とベッドイン時、
今日は私がリードします。
動かないでとデコを固定するときの持ち方

好きな異性とベッドイン後、
ティッシュをとるときの持ち方

好きな異性のコートについている
毛玉を指すときの持ち方

好きな異性とのはじめてのキス。
帰宅しお風呂に入り湯船に潜りながら、
声を抑えて喜びを表すときの持ち方

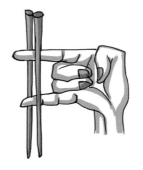

好きな異性が手をつなごうとしてきたとき、
まだダメよ⁇ とジラすときの持ち方

好きな異性と接吻をしたのち、
伸びたヨダレを巻き取るときの持ち方

好きな異性の耳たぶの厚さを計測し、
将来性を見るときの持ち方

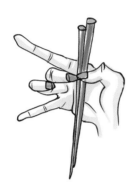

好きな異性のノドに挿しこみ、
ヨダレの粘度を測るときの持ち方

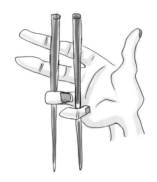

好きな異性の乳輪のサイズを
測るときの持ち方

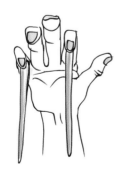

好きな異性の頬骨を押さえ付け、
顔面を固定するときの持ち方

好きな異性のベロを
つまみ上げるときの持ち方

そっと乳頭をつまむときの持ち方

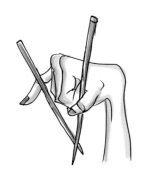
アイプチで二重のお手伝いの持ち方

鼻下のみぞをナゾナゾの持ち方

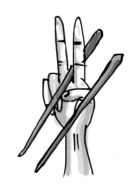
耳たぶを計測。
将来の金持ち具合を解く解くの持ち方

背骨と背骨の間の
軟骨しげきっくすの持ち方

ヨハンナ

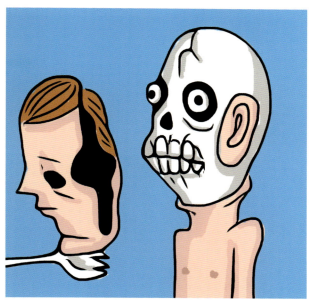

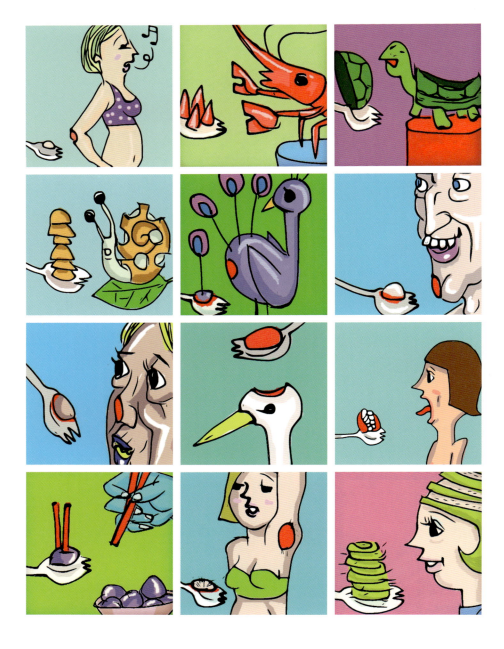

225

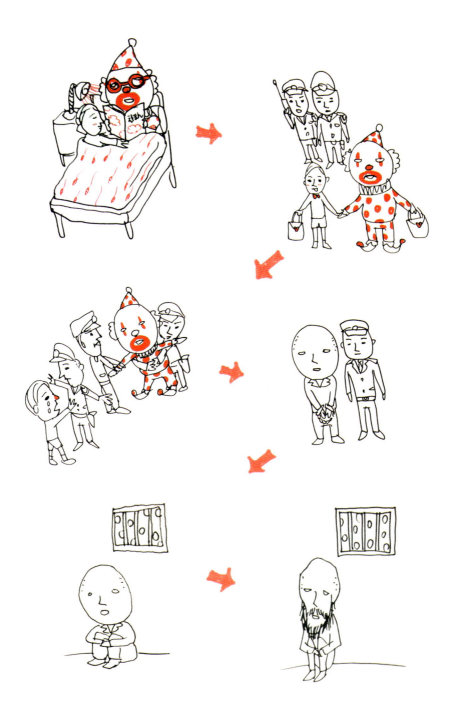

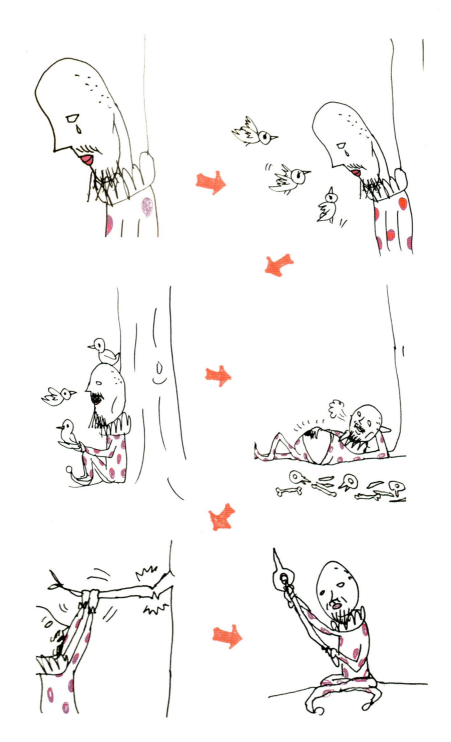

ちえこ

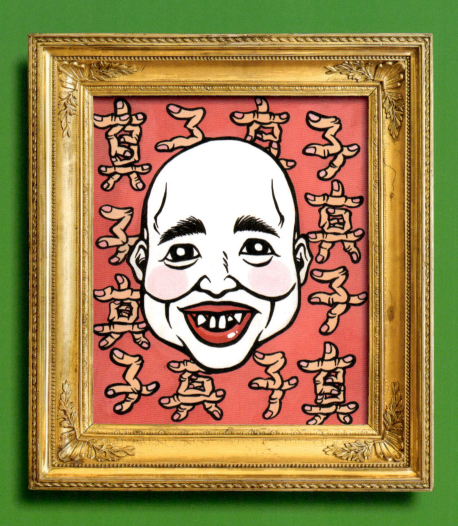

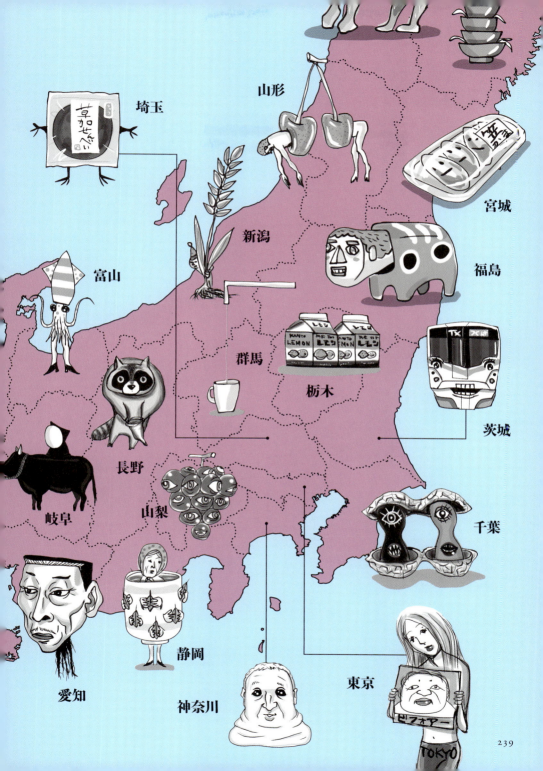

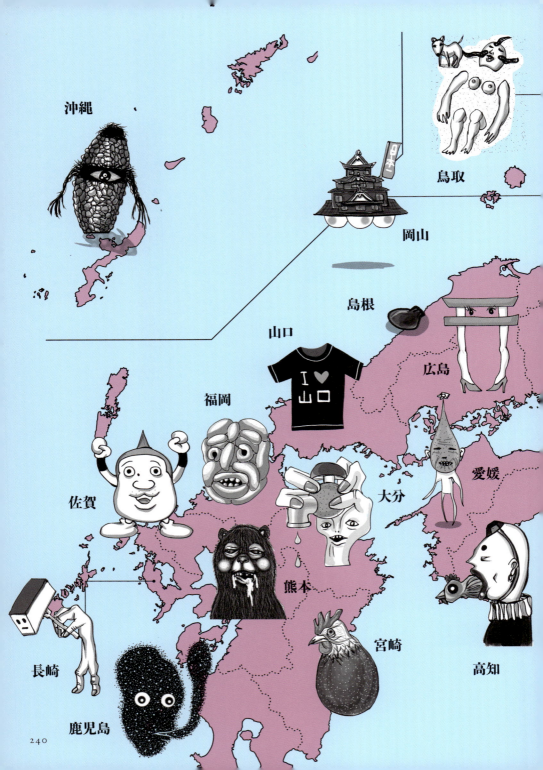

あとがき♥

よんだ？
どうだった？
かわいかった？
きれいだった？
グロかった？
お米はすすんだ？
おかずになった？